EXAMEN

DE LA

FORTIFICATION

ET DE

LA DÉFENSE DES GRANDES PLACES,

PAR LE LIEUTENANT-COLONEL D'ARTILLLERIE

C.-A. WITTICH

(Berlin 1840 et Paris 1847, chez Corréard; traduction de
M. de LA BARRE DUPARCQ, capitaine du génie),

PAR P.-E. MAURICE DE SELLON,

Capitaine du génie de la Confédération suisse, membre de la Légion d'honneur,
ancien élève de l'Ecole polytechnique.

(Avec planche.)

PARIS,

LIBRAIRIE MILITAIRE, MARITIME ET POLYTECHNIQUE

DE J. CORRÉARD,

LIBRAIRE-ÉDITEUR ET LIBRAIRE-COMMISSIONNAIRE,
Rue Christine, 1.

1849.

EXAMEN

DE LA FORTIFICATION

ET DE

LA DÉFENSE DES GRANDES PLACES.

OUVRAGES RÉCENTS DU MÊME AUTEUR.

MÉMORIAL DE L'INGÉNIEUR MILITAIRE, ou Analyse abrégée des principaux Tracés de Fortification permanente depuis Vauban jusqu'à nos jours, avec atlas, grand in-folio de xvii planches gravées sur acier. — Prix : 35 fr.

MÉMOIRES SUR LA FORTIFICATION TENAILLÉE ET POLYGONALE, en réponse à l'Histoire de la Fortification permanente de A. de Zastrow. 1 vol. in-4° avec atlas, grand in-folio. Prix : 25 fr.

IMPRIMERIE DE H. V. DE SURCY ET Cie,
Rue de Sèvres, 37.

EXAMEN

DE LA

FORTIFICATION

ET DE

LA DÉFENSE DES GRANDES PLACES,

PAR LE LIEUTENANT-COLONEL D'ARTILLERIE

C.-A. WITTICH

(Berlin 1840 et Paris 1847, chez Corréard; traduction de
M. de La Barre Duparcq, capitaine du génie),

PAR P.-E. MAURICE DE SELLON,

capitaine du génie de la Confédération suisse, membre de la Légion d'honneur,
ancien élève de l'École polytechnique.

(Avec planche.)

PARIS.

LIBRAIRIE MILITAIRE, MARITIME ET POLYTECHNIQUE

DE J. CORRÉARD,

LIBRAIRE-ÉDITEUR ET LIBRAIRE-COMMISSIONNAIRE,
Rue Christine, 1.

1849.

EXAMEN

DE LA FORTIFICATION

ET DE

LA DÉFENSE DES GRANDES PLACES.

Entre les partisans de l'école de Vauban et ceux de l'école allemande la lutte continue, lutte à armes courtoises sans contredit, mais lutte obstinée et dans laquelle il y a un fait important à signaler : c'est que celui des deux adversaires qui aurait à son service les armes les plus terribles à employer, celles de la logique et d'une expérience consacrée par des siècles de durée, est celui justement dont la voix ne se fait presque jamais entendre dans le débat. L'auteur de cet « *Examen* » entreprit en 1845 d'exposer l'état de la question dans un ouvrage qu'il intitula : « *Essai sur la fortification moderne.* » — Il espérait que quelqu'un des nombreux et savants officiers qui composent le corps du génie français romprait à cette occasion le silence gardé à l'égard de l'école de Montalembert depuis les fameux *Mémoires sur la fortification perpendiculaire*. Il n'en fut rien. Dès lors l'*Histoire de la fortification permanente*, de M. de Zastrow, apparut sur la scène, et de prime abord alla s'installer sur les bancs des écoles du génie, de sept des principales puissances continentales, comme le code infaillible de la science de la fortification et le champion décidé de l'École de Montalembert, dont les doctrines y sont hautement préférées à celles des partisans de la fortification bastionnée. La traduction fidèle et élégante qu'en a donnée le capitaine du génie de la Barre Duparcq avait mis cet important ouvrage à portée de tout le monde, et nous nous attendions à voir répondre dans les journaux militaires à quelques-unes des attaques dirigées par l'auteur contre les tracés bastionnés. Rien n'a paru, et à défaut d'un plus habile défenseur nous nous sommes hasardé à relever le gant jeté aux partisans de l'École française. Dans un ouvrage qui a pour titre : *Mémoire sur la fortification tenaillée et polygonale*, et qui est sous presse aujourd'hui, nous nous sommes proposé de répondre à l'ouvrage de M. de Zastrow. Mais, pour compléter la tâche que nous nous sommes imposée, il nous reste à examiner un écrit intitulé : *De la Fortification et de la Défense des grandes places*. Il a pour auteur le lieutenant-colonel d'artillerie prussien A.

Wittich, et présente un projet de fortification auquel nous ne donnerons pas le nom de *système*, parce qu'il ne nous semble pas présenter une méthode essentiellement originale, mais celui de *manière*, parce qu'il se rapproche en quelques points du tracé circulaire de Montalembert (1). C'est de cet écrit que nous allons nous occuper.

M. le colonel Wittich a eu pour but (dit-il lui-même dans l'Introduction de son ouvrage), « d'ex-« poser les principes d'après lesquels on peut, sans « recourir à des efforts démesurés, rendre les gran-« des places plus capables de résistance. » Il rappelle dans cette Introduction que les *moyens de dé-fense* d'une place sont : l'artillerie et les mines, et que *les moyens de se couvrir* sont : les remblais de terre, les voûtes à l'épreuve de la bombe et les blindages. Passant ensuite aux *moyens d'attaque*, il rappelle succinctement « qu'il sont entourés en gé-« néral de circonstances extrêmement favorables « pour l'assiégeant, car les deux partis se trouvent « placés sur des arcs de circonférences concentri-

---

(1) Nous regrettons de nous trouver ici en contradiction apparente avec notre honorable et savant collaborateur, M. le capitaine de la Barre Duparcq, qui accorde au tracé du colonel Wittich la dénomination de système. Ce qui nous semble dans la méthode du colonel Wittich différer essentiel-lement d'avec celles de Montalembert, ce sont les casemates, quoique nous ne les reconnaissions pas comme originales, car celles du général Haxo, dont elles se rapprochent beaucoup, existaient à Belfort au moins cinq ans avant l'apparition de la *Fortification et de la Défense des grandes places.*

« ques ; mais avec cette différence, c'est que l'as-
« saillant se trouve sur la plus grande circonfé-
« rence et l'assiégé sur la plus petite. » Nous dé-
duisons aisément de ce fait que le plan naturel de
l'assiégeant est d'envelopper l'assiégé ; que plus il
réussira à l'envelopper, plus il pourra concentrer
de feux sur un des points de la place attaquée :
qu'en conséquence, plus une place projette au dehors des saillants d'ouvrages bien reliés avec le
corps de place, plus la marche de l'assaillant est
lente, difficile, plus il s'expose à être pris dans ses
tranchées, dans ses batteries et dans ses chemine-
ments, par des coups de revers, l'un des moyens
de défense les plus redoutables pour lui. — Nous
prions le lecteur de bien constater la rigueur de
cette déduction , sur laquelle nous reviendrons
quand nous exposerons la méthode de M. le colonel Wittich.

L'auteur, dans l'exposé du *Détail des moyens d'attaque*, consacre un article spécial aux bouches à
feu, à leurs divers calibres et à leur emploi, soit pour
ricocher les banquettes, soit pour détruire les abris
voûtés, soit pour faire brèche, soit enfin pour rui-
ner les escarpes détachées ou même adossées par le
tir sous un angle relevé et les coups plongeants des
pièces de gros calibre. Il cite à ce propos l'expérience faite à Woolwich contre un mur détaché à la
Carnot, dans laquelle 14 bouches à feu après 2,000
coups tirés à 375 mètres de distance ouvrirent dans

ce mur une brèche praticable pour 12 hommes
de front. Nous verrons plus loin quelles conséquences on peut tirer de cette expérience remarquable,
contre la méthode de l'auteur.

A la suite de cette Introduction, M. le colonel
Wittich, avant que d'exposer son tracé, fait une revue rapide et générale des systèmes principaux employés jusqu'à présent pour la fortification des grandes places. Et d'abord voici ce qu'il dit du système
bastionné :

« ... Il faut convenir que ces éléments (d'un flan-
« quement général), paraissent combinés d'une
« manière ingénieuse dans le système bastionné,
« tel qu'il fut perfectionné dans le 18ᵉ siècle. Cette
« forme n'est pas seulement convenable pour la
« défense immédiate des murs, on peut aussi la
« considérer comme commode pour l'emplace-
« ment des pièces dans la lutte d'artillerie qu'il faut
« soutenir contre l'ennemi qui s'approche succes-
« sivement. En partant du principe de la supério-
« rité de l'artillerie de l'assiégeant, il ne reste plus
« à l'artillerie de la défense, après qu'elle a déployé
« ses forces dans un emplacement, qu'à cesser mo-
« mentanément le combat pour prendre un nouvel
« emplacement *d'où elle puisse battre obliquement*
« *les batteries ennemies*, et à répéter cette manœuvre
« dès que l'ennemi agissant aussi directement en
« cet endroit y déploiera une force supérieure.
« *Pour cette manœuvre, la fortification bastionnée*

« *est essentiellement propre, non précisément comme*
« *bastionnée, mais comme composée de très-courtes*
« *lignes se rencontrant sous des angles différents, et*
« *cela d'autant plus que la fréquente brisure des con-*
« *tours fait perdre une grande partie de son efficacité*
« *au tir d'enfilade, l'un des principaux moyens d'at-*
« *taque...* »

On voit que l'exposition des avantages et des désavantages du système bastionné n'a pas paru à l'auteur mériter plus de développements. Il passe ensuite à la fortification *perpendiculaire*.

« Telle était, dit-il, la position des choses (rela-
« tivement aux choix d'un système), quand parut
« Montalembert avec l'idée de fonder la défense
« des places fortes sur la supériorité absolue de
« l'artillerie..... *L'emploi des casemates fit tomber la*
« *plupart des raisonnements qui parlaient en faveur*
« *du tracé bastionné.* Dès qu'on reconnut la possi-
« bilité de flanquer les murs d'enceinte par des bou-
« ches à feu placées à ras du sol dans des casema-
« tes, le problème de détruire tous les angles morts
« fut résolu d'une manière fort simple. Dès l'in-
« stant où les pièces furent en nombre absolument
« supérieur et se trouvèrent garanties contre l'en-
« filade par des abris, on n'eut plus besoin de li-
« gnes courtes se coupant sous des angles divers ;
« le tracé put alors beaucoup se simplifier..., etc.

L'auteur convient que les hautes batteries case-matées du dernier tracé tenaillé et du tracé circulaire de Montalembert présentaient de nombreux défauts; mais il ne paraît pas avoir été frappé, ainsi que nous le sommes, de la supériorité relative qu'avaient les premiers systèmes du général Montalembert sur les derniers qu'il inventa en 1793: et cela se comprend, car nous allons voir que c'est celui qu'il s'est attaché à reproduire en le modifiant.

Dans ce qu'on a appelé la *fortification circulaire*, le tracé se compose de deux corps de casemates circulaires, l'un dit intérieur, l'autre extérieur, séparés par un terre-plein de 18 mètres. Imaginez un cercle de caponnières servant de magasins à poudre, placées à 18 mètres en avant du corps de casemates extérieures et distantes entre elles de 56 mètres. Placez en avant de ces caponnières, à 60 mètres, une enceinte de tenailles casematées, dont les branches ont 56 mètres et les angles saillants 60°, précédées d'un petit fossé dont la contrescarpe est revêtue d'un large chemin couvert avec glacis, et vous aurez une idée de la fortification circulaire de Montalembert. Il est nécessaire d'ajouter que le relief du corps de casemates extérieures est de 18 mètres au-dessus du terrain naturel, et que plus de 9 mètres se voient de la campagne. Cet aperçu est très-suffisant pour que l'ingénieur militaire se fasse une idée de la valeur d'un pareil tracé comme durée de résistance, quand même il saurait que tout point situé à 375 mètres de l'enceinte tenaillée peut être battue par 328 bouches à feu. Au surplus, nous renvoyons, pour de plus amples détails, à la planche XVII de l'Atlas de M. de Zastrow, à la page 178 du tome II de son *Histoire de la fortification permanente*, et, enfin, à nos *Mémoires sur la fortification tenaillée et polygonale*, où nous avons cherché à nous livrer à une appréciation impartiale de la *fortification circulaire*.

Le colonel Wittich suppose que la place qu'il doit fortifier a 2,250 mètres de diamètre moyen, et, comme Montalembert, il l'entoure de deux enceintes casematées formant des lignes brisées, ou pour mieux dire, il inscrit à un cercle de 1125 mètres de rayon un polygone de 24 côtés. Les lignes de feu des 2 enceintes casematées sont à une distance de 27 mètres environ l'une de l'autre : et la ligne extérieure forme des fronts de 309 mètres de côté. Le sol de ces deux enceintes est au niveau du terrain naturel. L'enceinte intérieure a trois étages et un parapet sur la terrasse supérieure : ce dernier destiné pour la mousqueterie, et l'étage au-dessous pour des casemates à canon dont nous parlerons plus tard. Un revêtement terrassé en décharge cache les maçonneries de cette enceinte aux vues du dehors. L'enceinte extérieure a un relief inférieur de 1^m,24 à la ligne de feu, de l'enceinte intérieure; elle n'a qu'un étage de batteries casematées dont les maçonneries sont également couvertes par un massif de terres en décharge qui se termine par une galerie casematée. Son mur, percé d'embrasures à canons forme l'escarpe d'un fossé large de

18 mètres et creusé à $6^m,20$ au-dessous du niveau de la campagne. De deux en deux fronts, le colonel Wittich a placé sur les capitales qui passent par les angles du tracé polygonal, des caponnières casematées destinées à flanquer l'escarpe de deux fronts (1). Ces caponnières de même relief que le revêtement en terre de l'enceinte extérieure ont deux étages, dont l'étage supérieur est armé de quatre bouches à feu. Devant les faces et le saillant de ces caponnières le fossé a $6^m,30$ de largeur et sa contrescarpe est revêtue. Elle ne l'est pas sur le reste du pourtour du grand fossé qui devant l'escarpe casematée de l'enceinte extérieure a 18 mètres de largeur environ. Cette contrescarpe y forme une sorte de glacis à contre-pente.

Nous avons dit que ce tracé rappelait les principales dispositions de la fortification circulaire de Montalembert. Et, en effet, on y retrouve les deux enceintes de batteries casematées, disposées sur un polygone très-ouvert au lieu de l'être sur une ligne circulaire : mais il est vrai que ces batteries sont dans le tracé du col Wittich très-bien abritées contre le canon de l'ennemi, au lieu que dans le tracé de Montalembert « l'ennemi, ainsi que le dit M. de Zastrow lui-même, voit les murs sur une hauteur « de 9 à 10 mètres et sur une étendue horizontale de

---

(1) Voyez la planche de la *Fortification et de la Défense des grandes places*, par C.-A. Wittich (traduction de M. le capitaine du génie de la Barre Duparcq). A Paris, chez Corréard, 1847.

« 314 : que, par conséquent, avec la perfection ac-
« tuelle de l'artillerie, aucun boulet ne peut faire
« écart, tandis que chaque contre-batterie n'offre à
« l'artillerie de la place qu'un but très-borné, etc. »
En revanche, dans le tracé de Montalembert, les
deux enceintes casematées sont couvertes par des
branches tenaillées continues qui se flanquent mu-
tuellement et remédient un peu à l'absence de flanquement d'une partie du corps de place sur l'autre.
Dans la manière du colonel Wittich il n'y a de flanquement pour les fronts de l'enceinte extérieure
que celui qui provient de l'artillerie assez maigre
des caponnières : en outre cette pièce est fort expo-
sée par le fait de l'absence du revêtement des contrescarpes du grand fossé, et si elle est prise, elle
peut servir à l'ennemi d'abri et de logement pour
la suite de ses opérations contre le corps de place.
L'auteur de la *Fortification et de la défense des grandes places* n'a donc pas, suivant nous, fait une mo-
dification heureuse dans le tracé de Montalembert
en substituant le flanquement imparfait des caponnières à celui des branches tenaillées, et en suppri-
mant le revêtement de ses contrescarpes de fossé :
nous préférerions encore la cunette de 4 mètres de
largeur qui règne au milieu du fossé des tenailles de
Montalembert au-dessous du niveau du terrain naturel.

Si le colonel Wittich nous paraît être tombé dans
une erreur véritable en confiant uniquement la sû-

reté de sa place à la *supériorité de l'artillerie* de sa double enceinte casematée, il est certain que les dispositions qu'il a adoptées pour ses casemates, si elles n'ont pas le mérite de l'originalité, ont tout au moins celui d'une imitation faite avec intelligence et discernement. Or, en matière de fortification, inventer n'est pas toujours le seul indice du talent : et peut-être l'art de plier la fortification au terrain, composé même d'emprunts faits à d'autres systèmes, est-il spécialement le cachet auquel on doit reconnaître l'habile ingénieur. Nous ne nous étendrons pas longuement sur ces casemates à canons, car elles sont une copie presque complète des batteries casematées du général Haxo dont nous avons donné le tracé dans l'*Essai sur la fortification moderne*, pl. V et VIII, et dans le *Mémorial de l'ingénieur militaire*, pl. XIV. Nous signalerons seulement quelques différences : 1° la casemate de l'ingénieur prussien est plus profonde, elle a 8^m,37 au lieu de 6 mètres, et ce sont des frais de maçonneries inutiles ; 2° dans la batterie Haxo la voûte de la casemate élevée de 3 mètres au-dessus du sol du côté de l'entrée intérieure s'abaisse de 1 mètre dans la seconde moitié du berceau qui se termine à l'embrasure dont la hauteur n'est que de 1^m,26. Le colonel Wittich ne surbaisse pas la seconde moitié de sa voûte : l'embrasure a 1^m,55 de hauteur, ce qui fait que les canonniers y sont moins à couvert.

On a pu se faire une idée par le court exposé que

nous donnons de la manière du colonel Wittich (à l'ouvrage duquel nous croyons, du reste, devoir renvoyer le lecteur) des deux dispositions qui la caractérisent, quant à la magistrale du tracé, et quant à la distribution intérieure des abris couverts pour l'artillerie. Voici maintenant quelles sont les critiques que nous permettrons d'énoncer sur cette fortification.

En premier lieu, si elle ne prête pas à l'enfilade et au ricochet de l'ennemi, comme elle n'offre ni saillants, ni rentrants, elle ne peut, de son côté, nullement prendre des revers sur les tranchées et les batteries de l'assaillant : ce qui est un grand défaut, car alors ce dernier n'ayant à craindre que les coups directs de la place, peut avoir recours pour s'en garantir aux doubles épaulements dont nous donnons une esquisse dans la planche 11 des *Mémoires sur la fortification tenaillée et polygonale*, et dont parle M. de Zastrow (t. 2, p. 159 de l'*Histoire de la fortification permanente*).

En second lieu, si l'assiégeant doit renoncer à détruire à coups de canon les maçonneries des deux enceintes casematées dont les maçonneries sont bien couvertes, il peut essayer d'un genre de tir dont le colonel Wittich ne conteste pas l'efficacité et qui consiste à pointer des bouches à feu de gros calibre sous un angle de 15° avec une faible charge, de manière à faire arriver le projectile sur les faces et les flancs des caponnières casematées et dans le fossé de l'enceinte extérieure au pied du mur d'escarpe, de manière à écraser ces maçonneries sous une pluie de boulets et d'obus. — Il n'est pas nécessaire d'y faire brèche, il suffit de faire ébouler les pierres, de déformer les embrasures et de rendre intenables les casemates de la caponnière et celles du mur d'escarpe de l'enceinte extérieure.

En troisième lieu, comme il n'y a point d'ouvrage avancé à prendre, l'ennemi arrivé à peu-près à 400 mètres de la crête des glacis, pourra cheminer à la fois sur trois capitales, celle d'une caponnière et sur les deux collatérales, en prenant pour point de départ une parallèle qui aura environ 850 mètres de longueur, et de laquelle il peut concentrer, s'il le veut, sur la caponnière d'attaque et sur l'escarpe des deux fronts contigus de l'enceinte extérieure, le feu plongeant, violent et continu de près de cent bouches à feu. — Arrivé par des zigzags à 30 mètres de la crête de la contrescarpe, l'ennemi commencera une galerie souterraine blindée, percera la contrescarpe, débouchera dans l'étroit fossé de 6 mètres de la caponnière et en effectuera le passage par une sape double sur laquelle l'assiégé ne pourrait avoir d'action que par les feux très-obliques de l'escarpe de l'enceinte extérieure, et par deux meurtrières du saillant de la caponnière; or, d'après notre plan d'attaque, les embrasures de la caponnière et de l'escarpe de l'enceinte extérieure sont ruinées et leurs feux sinon éteints, au moins bien réduits. L'assiégeant pourra donc assaillir la caponnière sans grand danger et y pénétrer par les ouvertures déformées des casemates : il pourrait même, grâce au glacis à contre-pente et à l'extinction des feux de l'escarpe casematée de l'enceinte extérieure, lancer de droite et de gauche deux colonnes d'attaques qui prendront la caponnière par la gorge et feront prisonniers ses défenseurs.

La caponnière prise devient un logement et un abri sur lequel le corps de place n'a aucune vue, ni *directe*, ni *de revers*. Quatrième critique sur laquelle nous nous permettons d'insister avec force et sans crainte d'être réfutés. De cet abri l'ennemi peut, ou pénétrer dans la casemate d'escarpe de l'enceinte extérieure par une galerie souterraine ou forcer l'une des poternes. De quelque façon qu'il s'y prenne il est dans la place, et les canons des deux enceintes ne peuvent plus rien dans une guerre souterraine et des luttes corps à corps.

Aux critiques que nous venons de présenter d'une manière sommaire, nous nous bornerons à en ajouter une autre qui a été faite, à ce que nous croyons, dans la *Gazette de littérature militaire;* c'est que la plus haute enceinte casematée est trop coûteuse et les espaces casematés qu'elle renferme trop nombreux pour les besoins, et impropres par leur construction à servir de logements en temps de paix. Mais cette critique, qui peut être fondée, ne doit passer que fort après les autres, car elle ne tient pas comme celles-ci à une disposition vicieuse du tracé de la magistrale. — Le colonel Wittich a été également attaqué sur la suppression de revêtement de sa contrescarpe de fossé. Il a répondu que les contrescarpes revêtues étaient un des plus grands obstacles à ce que le défenseur pût faire de prompts retours offensifs, que les globes de compression pouvaient la renverser, etc... On ne doit peut-être pas se prononcer d'une manière trop absolue contre les glacis à contre-pente ; ainsi, par exemple, on les comprendrait dans un tracé où le corps de place serait à l'abri d'un coup de main, couvert par plusieurs ouvrages extérieurs importants et dans une place où la garnison serait nombreuse et très-aguerrie. — Mais il est impossible d'admettre un glacis à contre-pente dans le tracé de l'ingénieur prussien, dépourvu qu'il est d'ouvrages extérieurs et de flanquements convenables.

Au surplus, voici, à l'égard de la suppression habituelle des contrescarpes revêtues, l'opinion d'un officier prussien distingué qui, tandis que partout en Allemagne on préconisait les systèmes de Montalembert et de Carnot, a souvent élevé sa voix pour défendre les principes de Vauban oubliés ou méconnus (1). « C'est la contrescarpe (revêtue) qui met

---

(1) M. le major Louis Blesson, auteur de l'*Esquisse historique de l'Art de la fortification permanente*. Traduction de M. le capitaine du génie de la Barre Duparcq. Chez Corréard, Paris, 1849.

« réellement la place à l'abri de l'assaut, et Vauban
« lui donnait un revêtement de préférence à l'es-
« carpe. Une contre-pente générale compromet
« donc la sûreté de la place et facilite beaucoup à
« l'ennemi l'un de ses plus difficiles travaux, l'éta-
« blissement dans le fossé. C'est pourquoi les ingé-
« nieurs français, instruits par la guerre, n'adop-
« tèrent nullement ces idées qui ne soulevèrent
« pas une vive opposition, uniquement sans doute
« à cause de la position à cette époque du corps du
« génie qui se trouvait continuellement en cam-
« pagne. »

Il est assez curieux de lire, page 130 de l'*Esquisse
historique de la fortification*, l'opinion du même écri-
vain sur les causes qui produisirent en Allemagne,
vers l'époque de 1813, l'entraînement des ingénieurs vers les principes de Montalembert. Qu'on
nous permette de la citer ici en terminant l'examen
de la *Fortification des grandes places* du colonel
Wittich.

« Le besoin d'une nationalité se fit sentir et fut
« souvent dirigé par une spéculation abstraite et
« dénuée d'expérience : il en fut ainsi pour l'art de
« l'ingénieur. On voulait être allemand : or on ap-
« pelait alors allemand tout ce qui n'était pas
« français. On manquait d'expérience, et comme
« les Français étaient revenus à Vauban, on cher-
« cha un maître de la fortification nationale dans
« les temps antérieurs où on croyait reconnaitre

« les mœurs et la loyauté allemandes. Albert Du-
« rer parut un bon modèle à suivre. Assurément,
« on n'en pouvait utiliser que quelques fragments
« isolés ; mais il jalonnait l'unique direction qu'on
« put regarder comme nationale. Albert Durer ra-
« mena à l'école suédoise qui servit de nouveau de
« transition à Montalembert, auquel on pouvait
« d'autant mieux donner le droit de cité sur le sol
« allemand que le corps du génie français l'avait
« pour ainsi dire excommunié. Ses idées reçurent
« donc la consécration d'une nouvelle adoption,
« et comme telles que les avait publiées cet écri-
« vain, d'un génie du reste très-remarquable, elles
« se trouvaient entièrement inexécutables et in-
« compatibles avec le caractère solide et réfléchi
« des Allemands, on s'efforça dès lors de les mo-
« difier, pour qu'elles fussent au moins susceptibles
« d'une exécution technique. »

FIN.

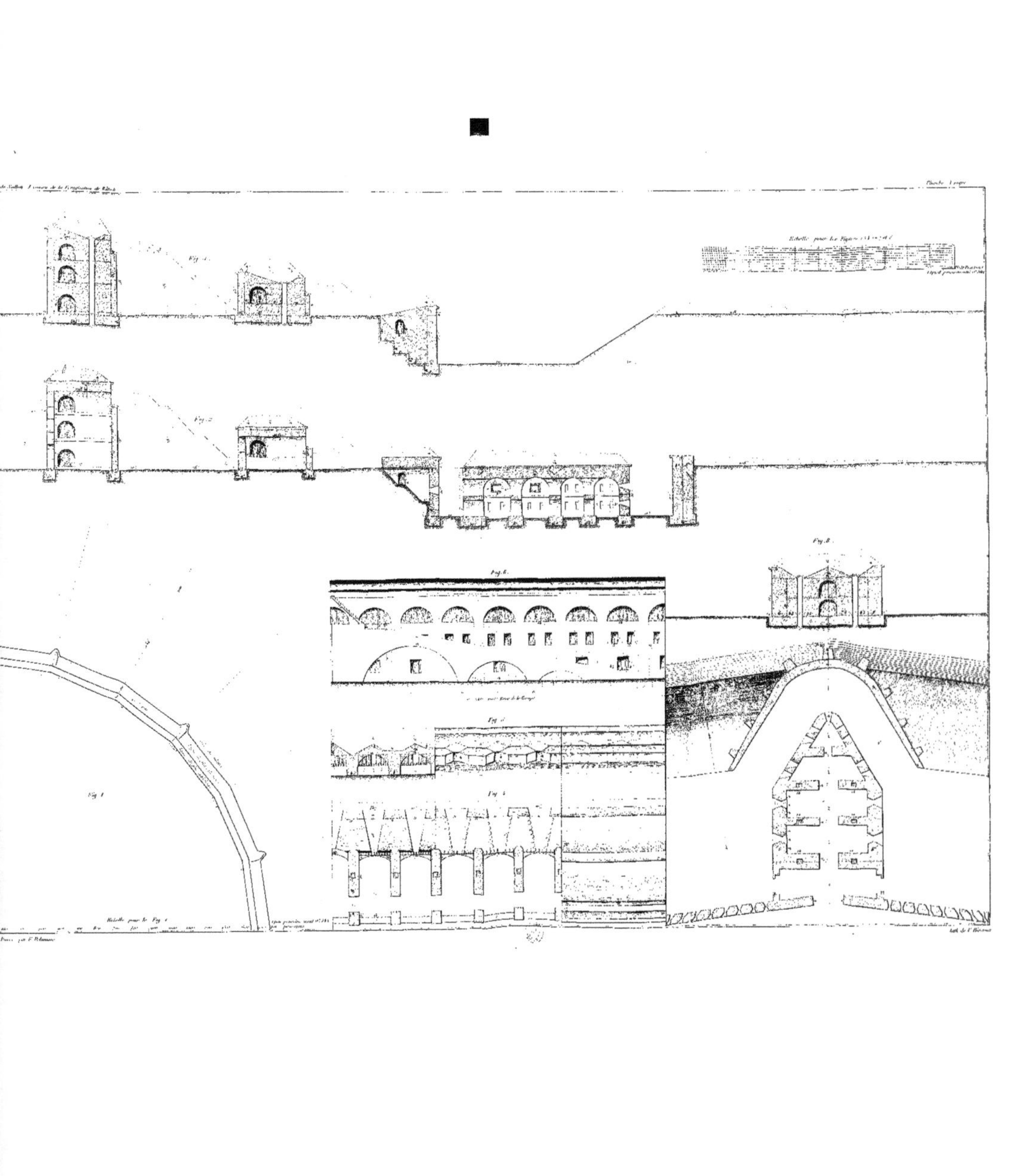

OUVRAGES DU MÊME AUTEUR.

Considérations sur l'avantage ou le désavantage d'entourer les villes maritimes de France d'une enceinte continue fortifiée, tirées des résultats pratiques de l'efficacité du tir à la mer, broch. in-8, 1847.   2 fr.

Examen du nouveau système de Ponts de Chevalets proposé par le chevalier de Birago, major au grand état-major général autrichien, suivi de l'Exposé d'un nouveau système de ponts militaires à supports flottants, brochure in-8, avec planches.   1847. 2 fr. 50

Recherches historiques sur la fortification passagère depuis les temps les plus reculés jusqu'à nos jours, suivies d'un aperçu sur l'état actuel de cette science et sur le rôle qu'elle est appelée à jouer dans les guerres modernes, 1 vol. in-8, 1849.   4 fr.

Mémoire sur les Angles morts des retranchements de campagne et sur quelques points de fortification passagère, in-8, avec planches, 1848.   2 fr. 50

Notice sur l'Essai des propriétés et la tactique des fusées à la congrève, par le colonel d'artillerie A. Pictet, brochure in-8, 1849.   2 fr.

Mémorial de l'ingénieur militaire, ou Analyse abrégée des tracés de fortification permanente des principaux ingénieurs, depuis Vauban jusqu'à nos jours, 1 vol. in-8, avec atlas in-folio, de dix-sept planches gravées sur cuivre, 1849.   35 fr.

Sous Presse :

Mémoires sur la fortification tenaillée et polygonale et sur la fortification bastionnée, 1 vol. in-4°, et atlas grand in-folio.

Examen du mémoire sur les canons se chargeant par la culasse et sur leur application à la défense des places et des côtes, par Jean Cavalli, major d'artillerie au service de S. M. sarde, 1 vol. in-8, avec planches.

Paris. — Typographie de H. V. de Surcy et Cie, rue de Sèvres, 57.

www.ingramcontent.com/pod-product-compliance
Ingram Content Group UK Ltd.
Pitfield, Milton Keynes, MK11 3LW, UK
UKHW020001130726
13694UKWH00005B/2004